本册编委会

主　编：马清温　詹小康
副主编：肖　方　朱飞飞　郑文泰　李榕涛
编　委（以姓名笔画为序）：
　　　　马清温　白勇军　朱飞飞　李承森　李榕涛　肖　方　郑文泰
　　　　徐　康　高　峰　郭　毅　黄　静　詹小康　戴进业

引 言

　　位于海南岛东南部的万宁市是全岛降水量最多的地区,且全年光温充足。热带气候孕育了丰富的生物资源,大量热带动植物构建了优势生态系统,为海岛人民提供了雄厚的生物资源。兴隆的动植物世界是万宁地区生物皇冠上的明珠。兴隆热带植物园、兴隆国家热带花园和兴隆南药园又是明珠上最璀璨的亮点。走进植物园犹如畅游在热带生物的海洋,各种热带动植物、珍贵名木名花、名贵经济树种,配以蓝天白云、花香鸟语,恰如一幅水墨长卷。从世界各地归来的华侨不仅引种国外的经济作物到兴隆,还带回栽培技术。与此同时,华侨把异域的习俗与风情传送到兴隆,与本土文化交汇、碰撞、融合、升华成为独具特色的兴隆华侨文化。

　　本册将带您了解热带海岛植物多样性、红树林生态系统、华侨文化与侨乡风情。

榕树与蔓延的气生根

概 要

第一节 热带植物 / 5

第二节 红树林生态系统 / 34

第三节 华侨文化与侨乡风情 / 50

西番莲

棕榈树景观

第一节

热带植物

【关键词】 见血封喉　榴梿　咖啡

【知识点】 沉香　孢子　种子　附生　光合作用

研学地点

兴隆热带植物园
兴隆国家热带花园
兴隆南药园

第三册　热带植物与侨乡风情

👆黄金椰子

👆美丽的火炬姜

——第5页——

研学背景

1. 万宁

　　万宁（北纬 18°35′～19°06′，东经 110°00′～110°34′）地处海南岛东南部，南北长 76 公里，东西宽 38 公里，陆地面积 1883.5 平方公里。万宁地处五指山东南余脉外围，地势西高东低，由中山、低山、高丘、低丘、台地和阶地平原组成。兴隆谷地是万宁的主要盆地。主要河流有太阳河、龙滚河等。万宁东临南海，海岸线长 109 公里。万宁主要的矿产资源有钛铁砂矿，伴生锆英石、独居石、金红石等，还有硫铁矿、水晶矿、金矿、花岗岩等。

椰子与三角梅

降香

第三册 热带植物与侨乡风情

　　万宁属热带海洋性季风气候，阳光充足，雨量充沛，温度偏高，冬无严寒，夏无酷暑。万宁西部山区的年平均温度为 23.0℃，东部沿海区的年平均温度为 24.5℃。最冷的 1 月的平均温度为 18.7℃（山区的平均温度为 17.3℃），最热的 7 月的平均温度为 28.5℃。沿海地区的年均降雨量为 2100～2200 毫米，西部山区的年均降雨量为 2600～2700 毫米，是海南岛暴雨中心之一。沿海地区的年均降雨日为 160 天，山区的年均降雨日为 182 天。9～10 月为降雨高峰期，12 月至次年 3 月属干季。无霜期超过 350 天。

万宁有龙脑香科的青皮、坡垒，有壳斗科、樟科、天料木科、蝶形科、含羞草科、苏木科、桃金娘科、柿科、茶科、胡椒科、罗汉松科的乔木。有枫香、厚皮树、黄牛木等灌木林。有小叶桉、木麻黄、台湾相思、荔枝、龙眼、波罗蜜、椰子、苦楝等人工林。万宁的鱼类丰富，还有螺、贝、虾、蟹、龟、鳖等多种水生动物。

☝三角梅

2. 兴隆热带植物园

兴隆热带植物园位于海南兴隆华侨旅游经济区内，占地49公顷，创建于1957年，隶属于中国热带农业科学院香料饮料研究所。获得"全国青少年教育基地""全国中小学生研学实践教育基地"等科普称号和荣誉30多项，是一座集科研、科普、观光、生产和种质资源保护为一体的综合性热带植物园。园内植物有3200多种。附近有兴隆南药园、兴隆国家热带花园、海南兴隆侨乡国家森林公园、神州半岛、石梅湾、日月湾。

☝兴隆热带植物园标识

海南·兴隆

第三册 热带植物与侨乡风情

兴隆国家热带花园标识

3. 兴隆国家热带花园

兴隆国家热带花园位于海南省青梅山下，以南旺水库为中心，占地400公顷，创建于1992年。园内有植物种类1200多种，是融自然景观、园林园艺、生态保护、人文环境为一体的现代化植物园。

4. 兴隆南药园

兴隆南药园坐落在风光秀丽、环境优美的太阳河畔，占地14.7公顷，创建于1960年，由中国医学科学院药用植物研究所海南分所建设。兴隆南药园引种栽培南药202科1900多种，是我国收集和保存南药植物种质资源最多的专类园之一，也是青少年探究热带、亚热带药用植物的理想研学实践基地。

兴隆南药园标识

第9页

研学知识

1. 特色植物

见血封喉

见血封喉（Antiaris toxicaria）也叫箭毒木，属于桑科植物。常绿乔木，多生长于海拔1500米以下的热带季雨林中，组成雨林上层巨树；根系发达，偶有板根；叶椭圆形至倒卵形，边缘具锯齿；雄花序托盘状，围以舟状三角形苞片；雄花花被4裂，雄蕊4枚，与裂片对生，花药椭圆形；雌花单生，藏于梨形花托内，为多数苞片包围，无花被；子房1室，花柱2裂，柱头钻形。核果为梨形，呈鲜红至紫红色；种子无胚乳，外种皮坚硬。

见血封喉是最毒的木本植物之一，其乳白色汁液含有剧毒，一经接触人畜伤口，遇到血液，就会使中毒者心律失常、心脏停搏、血管封闭、血液凝固，以至窒息死亡，见血封喉的名字由此而来。古代猎人曾将其汁液涂在箭头上以射猎野兽。海南民间用见血封喉种子当药材，具有解热、止泻作用，用于治疗痢疾。研究表明，从见血封喉汁液中分离出的化合物对癌细胞增殖具有抑制作用。见血封喉树皮纤维细长柔韧，树皮经过处理，成为古代人制作服装和褥垫等的原材料。植物含有有毒成分是植物防备动物啃食的一种防御策略，属于长期自然选择的结果。

见血封喉的叶片

见血封喉的幼苗

见血封喉大树

鸟巢蕨（巢蕨）

鸟巢蕨（*Asplenium nidus*）是海南常见的蕨类植物，也叫巢蕨。中国鸟巢蕨属约有 11 种，都附生于热带雨林或热带季雨林内的树干或林下岩石上，往往成丛生长，形似鸟巢，向上张开，能承接和储存枯枝落叶及雨水，将其转化成腐殖质为自己提供营养物质，并营造出一个适于其他植物生长的微环境。

翻开鸟巢蕨叶子的背面，可以看到线性排列的孢子囊群。孢子囊群生于小脉之上，自小脉基部向外约达叶片宽度的 1/2。孢子囊群由孢子囊集合而成，孢子囊是产生孢子的生殖结构。孢子囊群在叶片上的位置、大小和形状，孢子囊结构，孢子形态和数量等是蕨类植物的重要性状。孢子本身含有的营养成分少，很难吸引动物来帮助传播孢子。

蕨类植物主要依靠风力传播孢子。蕨类植物孢子囊都生长在叶片下表面，当动物经过时，孢子就有可能落在动物身上并被传播，这也可能是它们的生存策略之一。现在生存下来的蕨类大多是草本植物，桫椤是现存的唯一的木本蕨类。

第三册 热带植物与侨乡风情

鸟巢蕨的孢子囊群

鸟巢蕨

桫椤

👆 兰花植物附生现象　　　　　　　　　　　　👆 铁皮石斛

链接　附生

有些植物不是直接长在土壤里的，而是将根附着在其他植物的枝干上生长，以雨露、空气中的水汽及腐烂枝叶等有限的腐殖质为生，如苔藓、蕨类、兰科的有些种类。这类植物叫作附生植物。由于生长条件的限制，附生植物通常不会长得高大。附生植物可以自己进行光合作用，一般不会掠夺它们所附着植物的营养与水分，明显不同于寄生植物。附生植物通常生活于森林中，以热带雨林中最多。

链接　蕨类植物

蕨类植物是生命演化史上的早期陆地植物，不具有花的结构，也不会产生种子。它们依靠孢子进行繁殖，属于孢子植物。随着生命的进一步演化，依靠种子繁殖的种子植物出现，并取代蕨类植物成为植物界中的优势类群。

👆 崖姜蕨

葫芦树（铁西瓜）

葫芦树（*Crescentia cujete*）也称铁西瓜、炮弹树、炮弹果，是紫葳科葫芦树属的常绿小乔木。叶片2～5枚丛生。花冠钟状，夜间开放，发出一种臭味，吸引蝙蝠中的果蝠传粉。果为卵圆球形，呈黄色至黑色，果壳坚硬，种子多数。葫芦树可以广泛栽培在公园庭院，果壳可用作盛水的葫芦瓢。葫芦树属有5种，原产于美洲热带地区，现已广泛栽培。

据传，葫芦树成熟后会自爆，并且爆炸威力极大，能伤害到人或其他小动物。葫芦树在爆炸时把种子传播出去。

葫芦树与硕大的果实

脱落到地面摔开的葫芦树果

海芋的花序及传粉昆虫

飞向海南

海芋

第 14 页

海芋

海芋（*Alocasia odora*）也称滴水观音，是天南星科海芋属大型常绿草本植物，多年生，以地下茎为主，粗壮，叶具长柄，叶片幼时通常为盾状，成年叶片多为箭状心形。花序由柄后叶抽出，佛焰苞管部卵形、长圆形，花单性，无花被，子房为卵形或长圆形，浆果为椭圆形至近球形，多为红色。种子近球形。在海南岛，海芋的叶片是植物界中最大的单叶，可以容纳数人在下面避雨。海芋一般生活在林下，巨大的叶子能捕捉到更多的光线，这是对热带雨林林下弱光长期适应的结果。

天南星科的主要特征是花序外面有佛焰苞包围，佛焰苞是花序的苞片，因其形似庙里面供奉用的烛台而得名。海芋的佛焰苞在小花不同发育阶段有变色现象，花蕾时为绿色，开花时为黄绿色、绿白色，花凋萎时变为黄色、白色。

链接　白鹤芋

白鹤芋（*Spathiphyllum kochii*）是天南星科白鹤芋属植物，也叫白掌，花葶直立，高出叶丛，佛焰苞大而显著，为白色或微绿色。

海芋花果

海芋红色的浆果

天南星科白鹤芋佛焰苞变色现象

第三册　热带植物与侨乡风情

2. 果树

神秘果

神秘果（*Synsepalum dulcificum*）是山榄科神秘果属植物，常绿灌木植物；叶枝端簇生，每簇有叶5～7片，叶为琵琶形或倒卵形，叶脉羽状；白色小花，单生或簇生于枝条叶腋间，花瓣与花萼各5枚，柱头高于雄蕊；果实为单果，为椭圆形，呈鲜红色。每个果具有1颗褐色种子，为扁椭圆形。神秘果适宜在热带、亚热带低海拔地区生长，喜高温、高湿气候，有一定的耐寒耐旱能力。

神秘果含有特殊糖蛋白，具有转换味觉的功能，可以用来调节食物味道。例如，先细嚼神秘果，再吐出果核，然后吃其他酸涩的东西就会变成甜味。吃柠檬前先吃一个神秘果就不会感觉到柠檬的酸味了。神秘果可以解酒。喝酒前先食用神秘果，可以增加酒量。喝完酒再食用神秘果，也可以缓解醉酒造成的痛苦。神秘果叶可以泡茶。摘取老叶置于开水中煮沸3分钟就可以饮用，或加入其他茶叶口感更香醇。

神秘果原产于西非热带地区。20世纪60年代引入我国，成为具有观赏价值与经济价值的热带植物。

神秘果树的成熟果实

神秘果树

榴梿（榴莲）

榴梿（*Durio zibethinus*）也称榴莲，是木棉科榴梿属植物，常绿乔木，叶子长椭圆形，聚伞花序细长下垂，簇生于茎上或大枝上，每序有花3～30朵；花蕾球形，花瓣黄白色；果实球形，淡黄色或黄绿色，表面有很多硬刺，果味香美，每室种子2～6颗，假种皮白色或黄白色，有强烈的气味。

印度尼西亚是榴梿原产地，先后传入菲律宾、斯里兰卡、泰国、越南和缅甸等国，中国海南也有栽种。榴梿是榴梿树的果实，为热带著名果品之一。市场上的榴梿果皮坚硬，表面密生三角形的刺，果肉淡黄，黏性多汁。

榴梿果肉具有明显异常的气味，使许多人"闻而却步"，但是吃后会被榴梿特殊的口味和质感所吸引。榴梿果肉含有多种维生素，营养丰富，香味独特，拥有"水果之王"的美称。

榴梿果实

莽吉柿（山竹）

莽吉柿（*Garcinia mangostana*）俗称山竹，藤黄科藤黄属植物，小乔木，分枝多而密集，交互对生。叶片为椭圆形或椭圆状矩圆形；叶柄粗壮；雄花簇生枝条顶端，雄蕊合生，退化雌蕊圆锥形；雌花单生或成对，着生于枝条顶端，比雄花稍大；果实为扁圆形，呈深紫色，间有黄褐色斑块，光滑，果壳厚硬，有种子4～5颗，假种皮为白色。果肉为瓣状，像剥了皮的大蒜瓣儿，相互围成一团。山竹果肉雪白嫩软，味清甜甘香，带微酸，性凉。

山竹原产于东南亚，一般种植10年才开始结果，对环境条件要求严格，是名副其实的绿色水果。山竹与榴梿齐名，号称"果中皇后"。

山竹与果实

第三册 热带植物与乔多风情

第17页

面包树

面包树（*Artocarpus communis*）是桑科波罗蜜属植物，为常绿高大乔木。叶大，互生，叶片羽状深裂。聚花果为倒卵圆形或近球形，呈绿色至黄色，表面具圆形瘤状凸起，成熟时呈褐色至黑色，柔软，内面由乳白色肉质花被组成。面包果含淀粉、维生素、蛋白质、脂肪，果肉切条或切块后可烘烤或蒸煮食用，口味和面包差不多。

面包树属于热带著名果树，原产太平洋群岛及印度、菲律宾，我国海南有栽培。面包树在兴隆地区能较好地适应当地的气候条件，生长与结果良好。果实营养丰富，具有较高的营养价值。

面包树与果实

阳桃的花和果

阳桃的叶和果

阳桃（洋桃）

阳桃（*Averrhoa carambola*）又名洋桃、杨桃、五敛子，在闽南地区俗称"枫果"。因其横切面呈五角星，故在国外又称"星梨"（star fruit），是酢浆草科阳桃属植物，常绿小乔木或灌木，浆果肉质，呈淡绿色或蜡黄色，有时带暗红色。果下垂，有5棱，横切面呈星芒状。种子呈黑褐色。一年四季都可以采摘果实。阳桃在海南的栽培历史已超过千年，具有10多个品种，包括甜、酸两大类。甜阳桃做水果吃；酸阳桃果实大而味酸，多用作烹调配料或蜜饯原料。阳桃营养价值高，果实芳香清甜，含有多种对人体有益的成分，果汁能促进食欲，帮助消化。

阳桃的老茎结果

第三册 热带植物与侨乡风情

3. 饮料植物

可可

可可（*Theobroma cacao*）属于梧桐科可可属植物，全年开花，花多开在老茎上。可可果实始为淡绿色，后变为深黄色或近于红色，干燥后为褐色，果实结在老树干上，此为热带植物的一种特有现象。可可果皮肉质，干燥后硬如木质。可可果的外形像拳头大的嫩南瓜，可可豆就是它的种子。每个可可果大约含有50粒可可豆。可可豆可生吃，味酸甜。可可原产美洲热带地区。我国从1960年开始引种可可，主要种植在海南和云南南部，国内种植面积最大的可可园就在兴隆。

可可花

可可树典型的老茎开花

可可树典型的老茎结果

咖啡

咖啡属（*Coffea*）为茜草科多年生木本植物，有90多种，分布于亚洲热带地区和非洲，我国引入栽培约5种。灌木或乔木。叶对生，极少3枚轮生。花通常芳香，无梗或具短梗，簇生于叶腋内呈球形，或者成聚伞花序，数个花絮簇生于叶腋内，偶有单生。花冠呈白色或浅黄色，高脚碟形或漏斗形，喉部无毛或被长柔毛，顶部5～9裂，极少4裂，裂片开展，花蕾时旋转排列；浆果为球形或长圆形，干燥或肉质，有种子2颗。

兴隆热带植物园主要种植中粒咖啡（*C. canephora*）和大粒咖啡（*C. liberica*）。中粒咖啡树一般高3～5米，叶子为长卵形，花呈白色；果实成串，呈深红色，有香味。咖啡豆颗粒大，脱皮后圆滑光洁、品质优良。

咖啡豆经过烘焙磨粉制作出来的饮料就是咖啡。coffee一词源自埃塞俄比亚名叫卡法（Kaffa）的小镇。在希腊语中，kaweh的意思是"力量与热情"。咖啡含有咖啡因，可以使中枢神经兴奋，提神醒脑，缓解疲劳，提高工作和学习效率等；含有葫芦巴碱，能够温肾与祛寒。咖啡所含生理活性物质绿原酸有保肝利胆、调节免疫的功能。咖啡多酚又称咖啡单宁，属于"维生素P群"。咖啡中的蛋白质与可溶于水的氨基酸对促进发育、调节脂肪代谢具有积极作用。咖啡含有矿物质（包括磷、钾、镁、铜、铁、锌、锰、氟、硒等元素），还含有罗兰酮等芳香物质（使人神清气爽）。但是，患有高血压、消化性溃疡、糖尿病、缺铁性贫血、肾结石和失眠症的人不适合饮用咖啡。

大粒咖啡

大粒咖啡花和果

未成熟的大粒咖啡果

苦丁茶冬青

苦丁茶冬青

苦丁茶是中国民间一大类代茶饮料植物的总称，苦丁茶不是茶叶，制作苦丁茶的植物有冬青科、木樨科、藤黄科、紫草科和马鞭草科的30多种植物，其中以苦丁茶冬青（*Ilex kudingcha*）为代表的冬青科苦丁茶，以及以粗壮女贞（*Ligustrum robustum*）为代表的木樨科苦丁茶影响较大。苦丁茶有清热降火、降血压、降血脂及解毒消炎作用。我国有2000多年的栽培利用苦丁茶的历史，种植面积超10万亩①，海南是重要的种植基地。

---

① 1亩≈666.7平方米。

苦丁茶

链接 茶

茶树，原名茶（Camellia sinensis），是山茶科山茶属植物，灌木或小乔木，叶为长圆形或椭圆形，边缘有锯齿。花腋生，白色；花瓣5～6片，阔卵形；雄蕊基部部分连生；子房密生白毛；蒴果球形，有种子1～2颗。中国茶主要来源于茶树的嫩叶子，种子可以用于榨油。

茶起源于中国，主要分布在南纬16°至北纬30°之间。茶树生长在温暖湿润、降水量丰富的山上，喜光耐阴。茶树一生分为幼苗期、幼年期、成年期和衰老期。树龄可达百年以上，一般经济年龄为40～50年。茶可以提神、明目、消食、利尿解毒，具有有效改善精神状态等功能。茶、咖啡与可可共称世界三大饮料。

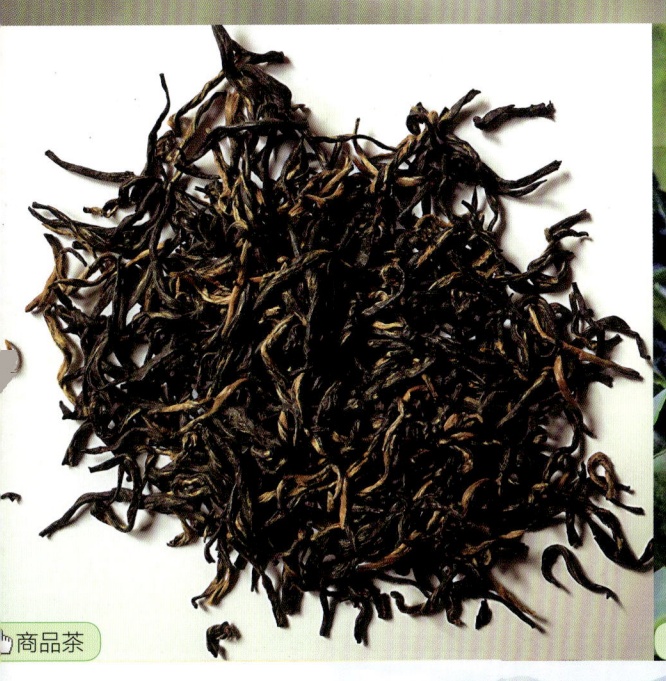

商品茶

茶

链接 茶花

茶花（Camellia sp.）又名山茶花，是山茶科山茶属的园艺栽培品种。花瓣为碗形，分单瓣与重瓣，前者多为原始花种，后者的花瓣可多达60片。茶花的颜色丰富多彩，有红、紫、白、黄各色花种，以及彩色斑纹茶花。花枝最高可达4米。茶花喜温暖湿润环境。花期从10月到翌年5月。茶花树树形优美，绿叶革质，色浓亮丽，花艳缤纷，是园艺珍宝。茶花成为中国传统的观赏花卉，位居"中国十大名花"第八位。茶花树原产于我国东部地区，现在已经广泛栽种。

茶园

第三册 热带植物与侨乡风情

第23页

4. 香料植物

香草兰

香草兰（*Vanilla planifolia*）是名贵的热带香料植物，素有"天然食品香料之王"的美誉。香草兰原产于墨西哥，属于兰科香草兰属植物，多年生藤本，茎蔓肉质多节；根分为地下根和气生根；气生根从蔓节长出，用以攀缘；单叶，互生，为长椭圆形或披针形；腋生花序，花淡黄绿色，近似螺旋状排列于花序轴上；果荚为开裂蒴果，呈弧形三角状，三室，种子极细小，黑色。其果荚经发酵生香后含有250多种挥发性芳香族成分，香气独特，留香时间长达2～3年。其中含有香兰素（或称香草精）及碳氢化合物、醇类、羰基化合物、酯类、酚类、酚醚类和杂环化合物等，广泛用于食品工业（烟、酒）和高级化妆品。

在我国，香草兰又被称为香子兰、香果兰、香荚兰等。《新华本草纲要》记载香草兰具有治热毒、疮疡、湿疮、虫蛇咬伤等药用价值。香草兰果荚有催欲、滋补和兴奋的作用，具有强心、补脑、健胃、解毒、祛风、增强肌肉力量的功效。

香草兰果

香草兰花蕾

香草兰花

香草兰种植园

第三册 热带植物与侨乡风情

飞向海南

胡椒栽培基地

胡椒

胡椒（*Piper nigrum*），又名昧履支、披垒、坡洼热等，是胡椒科胡椒属多年生攀缘藤本，节显著膨大，常生小根；叶厚，阔卵形至卵状长圆形；花序着生于枝条节上叶片的对侧，栽培品种多为雌雄同花，少数雌雄异花，花期与雨水、温度及植株营养状况有关。浆果为球形、无柄，成熟时呈红色，未成熟时干后变黑色。胡椒生长在年降水量2500毫米以上的热带地区的荫蔽树林中，生长期中间还需要一段干热的间隔时间。

胡椒种子含有挥发油，胡椒干燥成熟或近成熟的果实用于调味，也可入药，用于胃寒呕吐、食欲缺乏等。服少量能增进食欲，过量则刺激胃黏膜引起充血性炎症。现代药理研究表明：胡椒所含的胡椒碱有抗惊厥作用，还有镇静作用和加强其他中枢神经系统抑制药的中枢抑制作用。胡椒果实中含的酰胺类化合物具有杀虫作用。

胡椒果穗

胡椒植株

黑胡椒

白胡椒

第三册　热带植物与侨乡风情

白木香（土沉香）

白木香（*Aquilaria sinensis*）也称土沉香、沉香、芫香、崖香、青桂香、女儿香、牙香树、香材等，属于瑞香科沉香属植物，乔木，小枝圆柱形；叶为圆形、椭圆形至长圆形；花芳香，黄绿色，伞形花序，萼筒浅钟状，裂片卵形，花瓣10片，着生于花萼筒喉部，雄蕊10片，排成1轮，子房卵形，每室1胚珠，花柱极短，蒴果卵球形，2室，每室有1颗种子，种子呈褐色，卵球形。

沉香就是白木香的含树脂木材。沉香呈不规则块、片或盔帽状，表面凹凸不平，可见黑褐色树脂与黄白色木部相间的斑纹，孔洞及凹窝表面多呈朽木状。质较坚实，断面刺状。气芳香，味苦。《本草新编》中记载有："沉香，温肾而又通心，用黄连、肉桂以交心肾者，不若用沉香更为省事，一药而两用之也。但用之以交心肾，须用之一钱为妙，不必水磨，切片为末，调入于心肾补药中同服可也。"

在自然状态下，白木香树干受到虫咬、风刮等外力伤害后，树脂浸入受伤部位，这部分木材成为沉香。由于其中树脂含量不同，沉香的密度也不相同。有的沉香会漂在水面，有的沉香半浮半沉，有的沉香会沉到水底。"沉香"最初特指入水即沉的一类沉香，也叫"沉水香"，是"沉香"名称的来源。现代意义上的沉香已经变为所有沉香属植物含有树脂的木材了。

沉香的形成需要一定的自然或人工条件，并且需要历经数年时间，加上一些未知因素，因此白木香结香的不确定性很大。白木香木材在没有结香时颜色发白，木纤维松散，质地很软，这种木材制作的家具或工艺品的价值较低。沉香主要用于医药、焚香和香水行业。《本草纲目》中有"冠绝天下，谓之海南沉香，一片万钱"的记述。

负有盛名的四大名香"沉檀龙麝"就是指沉香、檀香、龙涎香、麝香。沉香和檀香为植物性天然香料，龙涎香和麝香为动物性天然香料。沉香排名第一，足以见得沉香的价值。根据《濒危野生动植物种国际贸易公约》，沉香属所有植物的国际贸易都受到管制，土沉香是我国国家二级保护植物。

白木香花

飞向海南

第三册 热带植物与侨乡风情

白木香的果实

沉香

第 29 页

> **链接** 植物的光合作用
>
> 光合作用（photosynthesis）是指绿色植物、藻类和某些原核生物等利用太阳光能将二氧化碳和一些无机小分子化合物（如水和硫化氢）等合成为富能有机化合物的过程。同时也是将光能转变为有机物中化学能的能量转化过程。光合作用是一系列代谢反应的总和，是生物界赖以生存的基础，也是地球上碳－氧循环的重要一环。

5. 热带植物园里的动物

在热带植物园里不仅可以了解热带植物，还可以发现生活在这里的各种动物，这些动物与植物构建了和谐的生态系统。

鹊鸲

鹊鸲（*Copsychus saularis*）为雀形目鹟科鹊鸲属的鸟类，体长约21厘米，嘴形粗健而直，长度约为头长的一半；尾呈凸尾状，尾与翅几乎等长或较翅稍长。两性羽色相异，雄鸟上体大都黑色，翅具白斑，下体前黑后白；雌鸟则以灰色或褐色替代雄鸟的黑色部分。鹊鸲属于留鸟，单独或成对活动。

鹊鸲性格活泼好动，胆大不怕人。觅食时喜欢摆尾。善鸣，常边鸣叫边跳跃，不分四季晨昏，高兴时就会高声鸣唱，因此有"四喜儿"之美称。休息时常展翅翘尾，将尾往上翘到背上，尾梢几乎与头接触。在繁殖期，性情变得好斗，为争配偶而格斗。鹊鸲常出没于村落、树林、灌丛、花园、菜圃等地，以及城市庭院之中。它以昆虫为食，兼吃草籽和野果。在海南岛由南到北都可以看到它们跳跃与飞翔的身影，听到它们欢快明亮的叫声。

鹊鸲

鹤顶粉蝶

鹤顶粉蝶（*Hebomoia glaucippe*）是粉蝶科鹤顶粉蝶属的昆虫。其翅展为7.5～11厘米；雄蝶翅为白色，雌蝶翅为黄白色；羽化时前翅近顶端各有1个橘红色斑；斑被黑色脉纹分割；鹤顶粉蝶是中国粉蝶中体形最大的一种，被称为粉蝶之骄子，具有较高的观赏价值。在海南岛地区为指名亚种，体健壮，飞行迅速，较难捕捉。飞翔时，常常从高处用半开半闭的翅膀滑翔下去；休息时，则把前翅藏于后翅内，仅露出前翅一角，露出的部位全是保护斑，不易被发现。

鹤顶粉蝶

大燕蛾

大燕蛾（*Lyssa menoetius*），别名大燕尾蛾，属于昆虫纲鳞翅目燕蛾科的昆虫。初次见到很容易被误认为是凤蝶，因为它有着几乎跟凤蝶一样的尾突和形态。翅长约5厘米，前翅赭褐色，有黑白相间的节形纹，并有棕黑色散纹，外侧有较宽的灰褐色区，顶角至外线处为烟褐色；后翅呈粉白色；外缘有齿形突及长达2.5厘米的尾带，其基部赭色，端部白色。大燕蛾生活于热带到亚热带地区，以植物为食。它有早起习性，太阳一出就开始飞舞，直到日落。大燕蛾是海南岛上最漂亮的大型蛾类。

👆 大燕蛾

斑络新妇

斑络新妇（*Nephila pilipes*）属于蛛形纲蜘蛛目肖蛸科络新妇属的蜘蛛。其雌蛛背甲黑褐色，密被白色细毛，具有一对角状突起。步足红褐色，结节处具一个宽的黑色环纹，步足多短粗的刺。腹部近长卵形，最宽处在前端。颜色鲜艳美丽。雌蛛身长4～4.5厘米，雄蛛身长约为雌蛛的1/7。在海南岛的阔叶混交林中，斑络新妇是常见种，它在林内或者灌木丛中结成复杂的三重网，坐等捕获自投罗网的猎物。

👆 斑络新妇

大络新妇

大络新妇的雌蛛体长3.5～4厘米，是雄蛛的5～6倍，背甲呈银灰色，有黑斑点；触肢基节黄色、浅黑色；腹面由黄纹构成一个长方形框，框内有两条横纹，步足细长，结节处有环状黄斑。它的纺器周围呈暗红色。雄蛛体长0.6～1.7厘米。在海南岛的阔叶混交林中，大络新妇是常见优势种。

我们在兴隆热带植物园里的大络新妇蛛网上同时发现一种小型蜘蛛，叫锥腹蛛，体长小于5毫米。大络新妇蛛网在夜间常常会黏着大量蟀、蚁等小昆虫，这是成年大络新妇不愿吃的，成为蛛网上的"垃圾"，而恰好成为寄居在网上的锥腹蛛的食物。因此，锥腹蛛为大络新妇清洁了蛛网。两者建立了一种互利关系，形成了动态平衡的生态链和食物链关系。

👆 大络新妇

第三册 热带植物与侨乡风情

研学小课题

1. 见血封喉具有很强的毒性，那么怎么用它来制作衣服呢？

2. 山竹的可食用部分是果实的哪个部分？

3. 热带地区的植物为什么会有"老茎开花"与"老树结果"的现象？

4. 蝶与蛾的主要区别是什么？

5. 昆虫与蜘蛛的主要区别是什么？

研学小实践

1. 解剖和认识海芋花的各部分结构。

2. 采集一种果实，找到里面的种子，描述果实和种子的形态与结构。

3. 采集蕨类的一片生殖叶，在叶的背面找寻孢子囊，描述它们的形态与结构。

4. 简述孢子与种子的区别。

兴隆热带植物园内的旅人蕉

研学小思考

1. 思考黑胡椒和白胡椒的区别在于它们的植物种类不同，还是制作方法不同。

2. 怎么从植物分类的角度定义茶？苦丁茶属于茶吗？

3. 简述沉香与白木香之间的关系。

4. 简述四大名香"沉檀龙麝"的异同。

5. 了解光合作用，认识植物如何把光能转化为自己的能量。

6. 了解植物的命名法规。

第三册 热带植物与侨乡风情

👆人工种植的火龙果

👆蒲葵

第33页

第二节
红树林生态系统

【关键词】 红树林 湿地 招潮蟹 弹涂鱼
【知识点】 胎生 泌盐 膝状根 真红树 半红树

研学地点

海南岛海口、文昌、万宁、陵水、三亚、临高和儋州等地的红树林分布区

红树林景观

第三册 热带植物与侨乡风情

木榄

研学背景

红树林是生长在热带和亚热带地区的河口、海岸沼泽区域的耐盐性的常绿灌木或乔木林。随着海水的涨潮与落潮，红树林每天都会处在淹没在海水中或展现在海滩上的交替之中，具有"海上森林""海底森林""潮汐森林"多种称呼。

红树林是一片绿色森林。如果把红树林植物的树皮去掉，树皮里面就会呈现鲜艳的红色，是单宁（鞣质）等化学成分遇空气氧化后的颜色，这就是红树林名字的最初来历。人们可以用它们制成红色染料。

红树林主要分布在我国海南、台湾、广东、广西、福建，香港、浙江也有少量分布。海南是我国红树林生物多样性最丰富的区域，其中东寨港和清澜港是海南最大的红树林分布区。海南东寨港国家级自然保护区是我国为保护红树林湿地生态系统建立的第一个国家级自然保护区。

红树林并不是指某种特定植物，而是包括适合生活在潮间带环境的植物集合体。组成红树林的植物分为红树植物和伴生植物两个类群。其中红树植物又分为真红树植物和半红树植物。

真红树植物有80多种，它们在潮间带生长和繁殖，在离开海水的陆地环境不能繁衍后代。半红树植物在陆地和潮间带都能正常生长与繁殖后代。伴生植物只是偶尔出现于红树林中或森林边缘。半红树植物和伴生植物可以在海滩上成为优势种，如野菠萝、木麻黄、厚藤等。

第35页

研学知识

在海洋与陆地之间的海岸带，海潮的定时侵入和退却造就了一个复杂多变的生态环境。生活在这个环境里的植物经历了漫长的演化过程，它们要面对和适应复杂的环境，包括经受潮涨潮落的动力侵袭和冲击，经受海水盐分的侵蚀，经受淤泥缺氧引起的窒息。虽然红树林的植物组成成分之间的亲缘关系不是很近，分别来源于不同的祖先，但是经过长期的自然选择，出现了趋同演化，成长为适应生长在潮间带特殊环境的一大类植物，解决了在动荡、高盐、缺氧、软泥等极端环境里的固定、呼吸、营养和繁殖等一系列问题，从某种意义上讲，红树林植物是"聪明"的植物。

☜ 涨潮时的红树林植物

☜ 发达的支柱根

膝状根

1. 红树林植物的适应性

发达的根系

红树林植物要在软软的、漂移的泥地上扎根生长是不容易的事情。另外，软泥里面氧气不足，根部还需要解决呼吸问题。"聪明"的红树林植物通过生长出很多向上伸出地面的呼吸根来帮助呼吸，长出很多支柱根来帮助解决固着生长的问题。

支柱根

支柱根是从树的主干上长出，悬垂向下再伸入软泥中。支柱根本身还可以分成更多的支柱根，最后形成连续向四周延伸的根盘。这是红树林植物的典型特征。支柱根除了起到支持作用，也兼具呼吸功能。

膝状根

水平生长的根系每隔一段距离向上生长，形成露出地表的弓环，外形就像膝盖状，具有呼吸功能。白骨壤的呼吸根从地面冒出来，数量多，高度不超过30厘米，形状像手指，被称为指状呼吸根。海桑的呼吸根高可达1米以上，形状像笋，被称为笋状呼吸根。

指状呼吸根

☝ 叶片表面的盐粒

☝ 发达的皮孔

泌盐功能

海水含盐度约为35‰，绝大多数陆地植物不适合在海水环境中生长，而红树林植物可以生活在海水中。红树林植物的叶片上具有泌盐的腺体，能够把吸收到体内的盐分排到体外去；白骨壤、蜡烛果和老鼠簕等植物叶片上的泌盐腺体非常明显。仔细观察这些叶片，我们会发现叶片上都有盐腺分泌出来的盐粒，一粒粒晶莹剔透，密密麻麻地布满叶面。还有的红树林植物把盐分集中到老叶子上，利用落叶的方式把体内的盐分去除掉。秋茄、木榄和海莲的根系可以利用特殊的生理机能，把海水中的盐分过滤掉，直接把盐分拒于"门外"。红树林植物通过减少对盐分的吸收或把体内的盐分及时分泌排泄掉，以适应在咸水环境里生长。

通气组织

植物叶表面的气孔和树皮上的皮孔是气体进出植物体的主要通道。红树林植物体内部有发达的通气组织，有助于植物体内气体与外界气体的交换。其中，红树林植物尖瓣海莲的皮孔最发达。

飞向海南

第三册 热带植物与侨乡风情

胎生苗及幼苗

胎生繁殖

红树林植物生活在严重缺氧和含盐度很高的沼泽软泥上,涨潮落潮,红树林植物时而淹没在水中,时而暴露在烈日之下。海浪总是在不断冲撞着红树林。这样的极端环境既不利于种子在海滩上存留与发芽,也不利于幼苗的稳定生长。长期演化让红树林植物"学会"了动物界胎生的繁殖方式,用以克服海滩沼泽地的不利环境。

红树的花朵

第39页

红树林植物的胎生方式，首要是完成传统的开花结果产生种子的繁殖过程。种子成熟后，不从母树上脱落，而是在果实内部萌发、发育长成"胎生苗"。胎生苗从母树上吸收营养，利用胚轴上的皮孔呼吸，胚根发育成一根尖尖长长的类似铅笔的长锥体，幼根之上的胚芽也发育出小苗。等到海潮退去，准备好了的红树林植物的宝宝离开母树，垂直落下，直接插入海滩的软泥中，很快就扎根、长叶，"占领"海滩阵地，长成新的小树苗。当然，也有胎生苗由于在落下时没有成功插入泥中而被海水冲走了，这些胎生苗或许能够随水漂流到适合的地方重新生根，开辟新领地。

果实

挂在树上的胎生小苗

飞向海南

第三册 热带植物与侨乡风情

秋茄树上的胎生小苗

秋茄树（秋茄）

秋茄（*Kandelia obovata*）也叫水笔仔，红树科秋茄树属灌木或小乔木，叶为椭圆形、矩圆状椭圆形或近倒卵形，顶端为钝形或浑圆，基部为阔楔形，全缘，叶脉不明显。二歧聚伞花序，有花4～9朵，花具短梗，花萼裂片革质，花瓣白色，膜质，短于花萼裂片。雄蕊无定数，长短不一，花柱丝状，与雄蕊等长。花果期几乎全年，果实圆锥形，长1.5～2厘米，基部直径8～10毫米；胚轴（胎生苗）细长，长12～20厘米。

秋茄主要分布于浅海和河流出口冲积带的盐滩，能够适应盐度较高的海滩环境，又能生长在淡水泛滥的地区。在一定有利条件下，红树林常组成单优势种灌木群落。即使在涨潮时海水淹没树林或几达树顶，也能正常生长，在海浪较大的地方，其支柱根特别发达。生长速度中等，15年生的树仅高3.5米。

红树林的枝状根

第41页

红树林景观

2. 红树林植物

红树林在防风固堤、抗浪保岸、抵御台风等自然灾害方面具有极重要的作用。构成红树林的常见真红树植物有红树、红茄冬、红海榄、木榄、海莲、秋茄、角果木、海桑、白骨壤、蜡烛果、海漆、榄李、红花榄李和木果楝等；半红树植物有露兜树、水椰、银叶树、玉蕊、黄槿、杨叶肖槿、水黄皮、海杧果等。

木榄

木榄（*Bruguiera gymnorhiza*）为红树科木榄属乔木或灌木，叶为椭圆状矩圆形，顶端短尖，基部楔形。叶柄暗绿色，托叶长3～4厘米，淡红色。花单生，盛开时长3～3.5厘米。花萼平滑无棱，裂片11～13个。花瓣长1.1～1.3厘米，中部以下密被长毛，上部无毛或几无毛。雄蕊略短于花瓣。胚轴长15～25厘米。喜生于稍干旱、空气流通、伸向内陆的盐滩，是构成我国红树林的优势树种之一，但树高很少超过6米，亦未见纯林，多散生于秋茄树的灌丛中。材质坚硬，色红，树皮含单宁19%～20%。

木榄

第42页

蜡烛果（桐花树）

蜡烛果（*Aegiceras corniculatum*）为紫金牛科蜡烛果属灌木或小乔木。果实细长，弯曲如新月形，顶端渐尖，宿存萼紧包基部，又称"桐花树"。生于海边潮水涨落的污泥滩上，为红树林组成树种之一，有时亦成纯林。树皮含鞣质，可做提取栲胶原料。

蜡烛果的花和果

结在树上的蜡烛果的果实

第三册 热带植物与侨乡风情

第43页

海桑的果实

海桑

海桑（*Sonneratia caseolaris*）为海桑科海桑属乔木，叶形异大，叶柄极短。花萼筒平滑，碟形，6裂。柱头明显，头状。嫩果有酸味，可食，成熟的果实直径为4～5厘米。琼海、万宁、陵水等地有分布，生于海边泥滩。呼吸根水煮后可做软木塞的代用品。

老鼠簕

老鼠簕（*Acanthus ilicifolius*）也是红树林的重要组成之一，为爵床科老鼠簕属直立灌木。托叶呈刺状，叶片长圆形至长圆状披针形，边缘4～5个羽状浅裂，近革质。每侧4～5条侧脉，自裂片顶端突出为尖锐硬刺。穗状花序顶生；苞片对生，花冠白色。老鼠簕椭圆形的果实与顶端长长的花柱，就像老鼠的身体和尾巴。蒴果内有4颗种子。种子扁平，圆肾形，淡黄色。老鼠簕的根可入药。

老鼠簕的穗状花序

飞向海南

3. 红树林动物

红树林的环境为生活在这里的动物营造了一个栖息、觅食和繁殖的理想天堂。软体动物、节肢动物、鱼类等构成红树林区域的动物群体，与红树林植物共建一个特殊与和谐的生物世界。

👆中华鲎

中华鲎

中华鲎（*Tachypleus tridentatus*）亦称中国鲎、三棘鲎、东方鲎等，属于节肢动物门螯肢动物亚门肢口纲剑尾目鲎科亚洲鲎属的中华鲎种。鲎体表覆盖有几丁质外骨骼，黑褐色；身体近似瓢形，分为头胸、腹和尾三部分。头胸部具发达的马蹄形背甲，也被称为马蹄蟹（horseshoe crabs）；腹部呈六角形，具有6对附肢，可以爬行或游泳，在后5对上面各有一对鳃进行呼吸；尾部呈剑状。背面有一对大的复眼及两只单眼。中华鲎的血液因含有铜离子而显示出蓝色。中华鲎的生长周期很长，需要近13年才能完成繁殖。中华鲎喜欢在平静的小海湾活动，平时蛰居沙质海底，退潮时在沙滩上缓缓步行。中华鲎属于肉食性动物，以软体和节肢小动物、海底藻类为食。鲎是感情专一的动物，一旦结为夫妇，便形影不离。个体肥大的雌鲎驮着它的瘦小"丈夫"蹒跚爬行，称为"海底鸳鸯"。鲎是一种古老的节肢动物，早在4亿年前就已经出现在海洋里，至今仍保持着原始的面貌。中华鲎和蜘蛛的亲缘关系比较密切，它们的第一对附肢呈螯状，分类学上称为有螯动物。由于填海造地、滩涂开发等原因，中华鲎失去了赖以生息的浅海沙滩，数量急剧减少，面临着灭绝的危险。

招潮蟹

招潮蟹属于节肢动物门沙蟹科招潮蟹属的小动物，是红树林中常见的蟹类。招潮蟹的头胸部呈梯形，前宽后窄，额窄，眼眶宽，有一对类似火柴棒的突出眼睛，眼柄细长。涨潮时，招潮蟹钻进洞里，等退潮时出来觅食。在觅食时，招潮蟹两只眼睛竖起，观察周围动静，一副呆萌可爱的样子。一旦发现情况不对，它们就会迅速撤离，钻回洞穴里，故被称为"沙滩小精灵"。

招潮蟹最大的特征是雄蟹具有一只大螯、一只小螯，大小悬殊。其中，大螯是交配螯，颜色鲜艳，重量为身体的一半，长度为蟹甲壳直径的三倍以上，小螯用以取食，为取食螯，刮取淤泥送进嘴巴取食其中的藻类及有机物颗粒。雌蟹的个体大小和形状与雄蟹差不多，但两只螯都很小且对称，均为取食螯。雄蟹较雌蟹体色彩鲜明，有珊瑚红、艳绿、金黄和淡蓝色等。

雄蟹的大螯形似武士的胸前盾牌，它挥舞大螯犹如呼唤潮水到来，因此被称为"招潮蟹"。这个"招潮"动作其实是在威吓敌人，保护自己的领地，或者是向雌蟹求偶。如果雄蟹不幸失去大螯，原处会长出一个小螯，原来的小螯则取而代之长成大螯。因为招潮蟹的两只螯也像小提琴，故也有"提琴手蟹"的称呼。

招潮蟹幼体

招潮蟹

弹涂鱼

弹涂鱼（*Periophthalmus cantonensis*）又名"跳跳鱼"，是虾虎鱼科弹涂鱼属的一种鱼类。身体长形，侧扁，背缘平直，腹缘略凸，头稍大，吻短，眼位于头侧上缘；口前位，舌圆形，唇发达，无须，鳃孔侧位，鳍灰黄色，背鳍上有2条蓝黑色纵带纹。弹涂鱼属于暖水性近岸小型底层鱼类，具有挖钻孔道、穴居的习性。弹涂鱼常常栖息于沿岸浅水区域及泥沙质海滩上，尤其在河口、港湾、红树林区多见。弹涂鱼依靠胸肌柄匍匐或跳跃在滩涂上，退潮时在滩涂上觅食，以底栖硅藻、浮游动物、昆虫及其他无脊椎动物为食。

弹涂鱼可以用前鳍在泥沙上挖掘。它的鳃变得强大，能够储存较多氧气。除了用鳃呼吸外，弹涂鱼还可以凭借皮肤和口腔黏膜的呼吸功能来摄取空气中的氧气，以保证它可以短时间离开水体，生活在滩涂上。它还能够拖着长尾鳍爬上树，用它的短小腹鳍当吸盘把自己固定在树上。

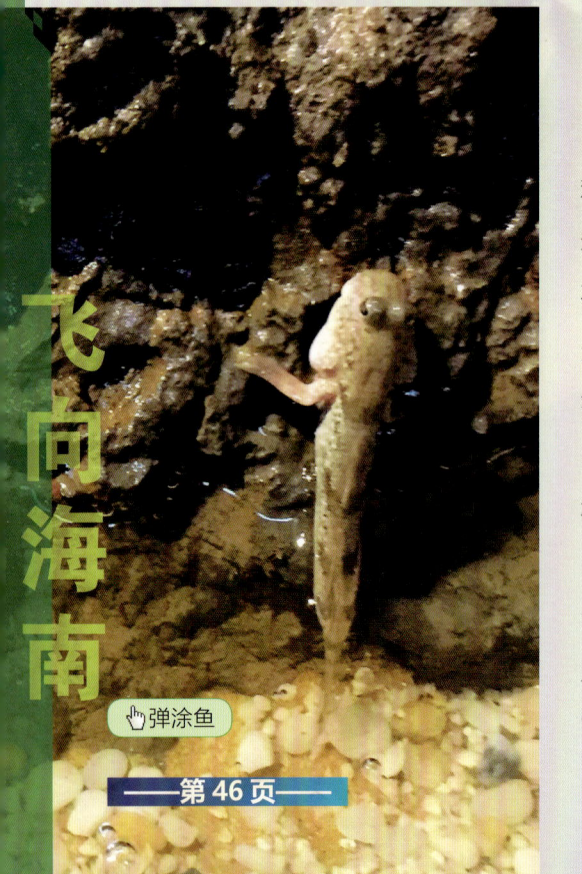

弹涂鱼

飞向海南

白鹭

白鹭（*Egretta garzetta*）是鸟纲鹭科白鹭属 4 种鸟类——大白鹭、中白鹭、白鹭和黄嘴白鹭的通称，它们的体羽全部是白色。这 4 种白鹭体形中等。在红树林区域内可以看到白鹭。

大白鹭

夏羽全白，嘴黑色，虹膜淡黄色，头有短小羽冠，肩及肩间生长丛状长蓑羽。冬羽背部无蓑羽，头无羽冠。栖息于海滨、水田、湖泊、红树林及其他湿地。步行时颈收缩成 S 形，飞时颈亦成 S 形，脚向后伸直，超过尾部。

中白鹭

全身白色，嘴黑色，眼鲜黄色，虹膜淡黄色，脚和趾黑色；夏羽背部和前颈下部有蓑状饰羽，羽冠不甚明显。冬羽背和前颈无饰羽，嘴黄色，先端黑色。栖息于河流、湖泊、水田、海边等浅水处。飞行时颈缩成 S 形，脚向后伸直，超过尾部。中白鹭在我国南方为夏候鸟，亦有部分留下越冬。

白鹭

体态纤瘦，嘴黑色，羽毛乳白色，虹膜黄色，胫与脚部黑色。夏季繁殖时，枕部着生两条狭长的矛状冠羽，状如双辫，肩和胸着生蓑羽。冬季时蓑羽脱落。常栖息于稻田、沼泽、池塘及红树林里。站立时，常曲缩一脚于腹下，以另一脚独立。

黄嘴白鹭

也叫白老、唐白鹭。羽毛通体白色。夏季嘴橙黄色，眼先蓝色，脚黑色，头顶至枕部有多枚细长白羽组成的丛状羽冠；背部、两肩生有蓑状长羽。趾三前一后，黄色。冬季嘴暗褐色，下嘴基部黄色，眼先黄绿色，脚亦黄绿色，背、肩和前颈无蓑状长羽。虹膜黄色，爪黑色。栖息于海岸峭壁树丛、潮间带、盐田以及树林、河岸、稻田等地。

在红树林地带，成群的白鹭栖息在那里，在海滩上涉水捕食水里的小动物，在树上搭建鸟巢，展翅飞翔时，与蓝天、绿树、大海勾画出一幅美丽的大自然风景图。

第三册 热带植物与侨乡风情

大白鹭

研学小课题

1. 真红树植物都有胎生现象吗？

2. 气生根的作用是什么？

3. 为什么弹涂鱼离开水体还能够存活？

红树林景观

研学小实践

1. 找寻泌盐的植物叶片。

2. 解剖蜡烛果的胎生苗。

3. 抓一只招潮蟹，认识它的各个器官。

第三册 热带植物与侨乡风情

白鹭

研学小思考

1. 红树林的分布范围。

2. 以一种真红树为例，说明红树林植物的适应性。

3. 红树林的作用和存在价值。

第49页

第三节

华侨文化与侨乡风情

【关键词】 华侨　南洋　骑楼

【知识点】 橡胶　兴隆咖啡　巴洛克建筑

海口骑楼老街上的历史建筑

第50页

研学地点

海南省博物馆
兴隆华侨农场

研学背景

海南省博物馆内的大量文物和资料，介绍了归国华侨为建设新中国做出的艰苦努力，以及为祖国做出的巨大贡献。兴隆华侨农场是全国最大的华侨农场。海口市有海口骑楼的历史建筑。琼海有"海南侨乡第一宅"——蔡家大院，展示了归国华侨对海南经济、文化发展的影响。

↑兴隆热带植物园内的东南亚风情舞蹈表演

研学知识

1. 华侨文化

海南——归国华侨之乡

中国人迁居到其他国家的历史有2000多年了。唐朝，中国社会经济发达，与西域各国交往密切，人员来往频繁。明朝解除海禁以后，中国人有更多的机会走出国门，走向世界。由于政治、经济、文化、战争等原因，历朝历代都有大批中国人以抗击外侵、逃避灾难、劳务输出、寻亲访友或进修留学等形式迁居海外，华人足迹遍布全球。这些走出国门的中国人有很大一部分留在国外，成为华侨。例如，在东南亚国家可见到大量华侨。

在中华人民共和国成立之初，受当时国际环境的影响及各种原因大批华侨回国。1950年11月，第一批华侨（700人）回到中国广东汕头港。至1951年3月，广东省接待和安置了四批归国华侨，共计2700人。在此之后的归国华侨就被安置在海南万宁的兴隆华侨农场、琼海的彬村山华侨农场等地。

在海南建立华侨农场，一是因为归国华侨中海南籍人士比较多，二是因为海南与东南亚气候比较相似，便于归国华侨适应新的生活。海南华侨农场的建立分三个时期，即20世纪50年代、60年代、70年代，分别对应着马来西亚归国华侨回到兴隆华侨农场，印度尼西亚归国华侨回到彬村山华侨农场，越南归国华侨回到澄迈华侨农场、东方华侨农场与文昌华侨农场。

兴隆华侨农场

1951年9月创建的兴隆华侨农场是我国最大的华侨农场。兴隆华侨农场（北纬18.4°，东经110.1°）位于万宁市境内美丽的太阳河畔，地势由东向西增高，属丘陵地区，海拔在21～532米。年平均温度为24.5℃，极端最高温度为39℃，极端最低温度为3.4℃。年平均降雨量超过2000毫米，属于热带海洋性气候和热带季风气候。兴隆华侨农场被群山环绕，热带植物和农作物郁郁葱葱，自然环境优美，景色宜人，自然条件十分优越。农场的土地面积约16.6万亩。兴隆华侨农场先后接待和安置了来自马来西亚、印度尼西亚、泰国、越南等21个国家和地区的归国华侨13 000多人。目前农场有人口近25 000人。兴隆华侨农场已经发展成为农、工、贸、旅游综合一体的大型国有企业，以独特的归侨风情、温泉度假和兴隆咖啡闻名海内外。农场经济主要以热带农业和旅游业为支柱产业。主要经济作物有橡胶、咖啡、胡椒、水稻、椰子、荔枝、龙眼等，旅游区面积超过0.9万亩，农场可利用耕地面积9万亩。70多年来，兴隆华侨农场的归国华侨白手起家，艰苦奋斗，无私奉献，开拓进取，取得了辉煌的成就。

△ 兴隆东南亚风情园内的舞蹈表演

兴隆普通话

兴隆华侨农场汇集了马来西亚、新加坡、印度尼西亚、越南、泰国等21个国家和地区的归侨。这些归国华侨刚回国的时候，以白话（粤语）和粤系客家话交流。由不同国家、不同地域走到一起的归国华侨们，在一个陌生的新地方重新开始了新生活，大家都在努力弱化各自的方言口音，相互融合，不断交流，逐渐形成了兴隆普通话。

语言是自然地理环境和传统习俗相融合的产物。通常，一种语言代表一种文化。而兴隆普通话则包含了不同的口音和多种文化。它是白话口音、客家口音、东南亚口音、海南口音等共存和融合的当地口音，其中保留着许多东南亚的词汇。比如，兴隆人称莲雾为水翁（新加坡发音），去街道说去"巴萨"，儿子即"赖"，咖啡即"锅B"等。兴隆普通话发音的一大特色就是任何字都发第四声，并且语速快。如今兴隆普通话已经成为当地人民使用最多的语言，其次才是白话和客家话，因为兴隆归侨们的祖籍大多为广东、广西。如今老一辈归国华侨之间还是会以白话和客家话为母语，而在兴隆出生和长大的新一代侨眷们及他们的后代则多以兴隆普通话进行语言交流和文化传承。

2. 侨乡之恋

海口骑楼

海南各地的骑楼老街代表了一种华侨文化。骑楼是老一辈归国华侨兴建的融合域外和本地建筑形式而成的含有特殊文化元素的建筑群体。

海南最古老的建筑——四牌楼建于南宋。海口的骑楼老街建筑群初步形成于19世纪20~40年代，到今天，这里已经形成了一大片繁华的骑楼街区，被海南人称为"南洋街"。骑楼老街包括中山路、新华南路、解放东路、博爱路及得胜沙路一带，由12米宽的数条街道组成，骑楼平均进深两侧各20~40米，建筑面积约20万平方米。这些独具风格的建筑既有海峡北边的内陆文化色彩，又有南洋地区的文化元素，成为跨越广阔地域、接纳不同文化习俗、体现血缘关系、世代传承的建筑群体。

19世纪初，南洋华侨回国建设，把骑楼这种建筑风格带到沿海地区。据历史记载，骑楼最早起源于印度，是英国人首先建造的，称之为"廊房"。18世纪后半期，英国殖民势力进入了印度等南亚国家。由于南亚地区气候炎热多雨、烈日当空、酷暑难当，习惯生活在欧洲凉爽气候条件下的英国人很难适应这种气候条件，因此，他们建造住宅时就在居室前面加上走廊，以挡避风雨烈日，缓解酷暑侵入房间。这种外廊式建筑很快被人们广泛接受，逐渐形成南亚、东南亚各国建筑中普遍采用的形式。这种连续廊柱形成的走廊，新加坡称之为"店铺的公共走廊"，或"五脚气""五脚基"。这种建筑结构进入福建、广东、海南后被称为"骑楼"。

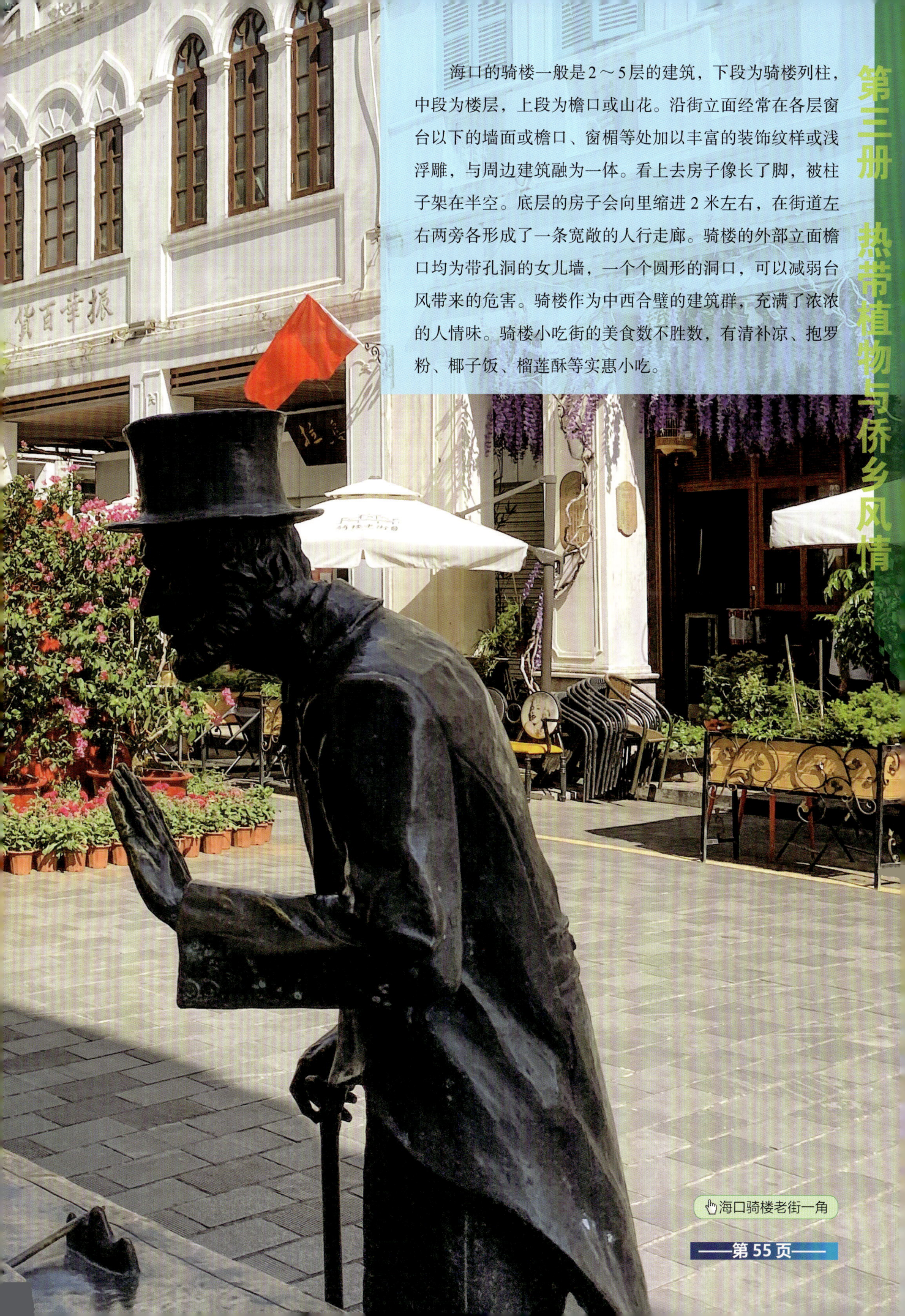

海口的骑楼一般是2～5层的建筑，下段为骑楼列柱，中段为楼层，上段为檐口或山花。沿街立面经常在各层窗台以下的墙面或檐口、窗楣等处加以丰富的装饰纹样或浅浮雕，与周边建筑融为一体。看上去房子像长了脚，被柱子架在半空。底层的房子会向里缩进2米左右，在街道左右两旁各形成了一条宽敞的人行走廊。骑楼的外部立面檐口均为带孔洞的女儿墙，一个个圆形的洞口，可以减弱台风带来的危害。骑楼作为中西合璧的建筑群，充满了浓浓的人情味。骑楼小吃街的美食数不胜数，有清补凉、抱罗粉、椰子饭、榴莲酥等实惠小吃。

第三册 热带植物与侨乡风情

🖐 海口骑楼老街一角

第55页

蔡家宅

海南人历来注重家族观念和落叶归根的传统。在南洋创业成功的华侨，既会帮助族人和同乡共闯南洋，也会衣锦还乡，认祖归宗，修建祖屋，光宗耀祖。他们带来了清新的南洋文化和审美观念，建起一大批蔚为壮观的东西方交融的近代建筑。虽历经百年，所留建筑不多，但依旧雄伟壮丽。深厚的文化底蕴留给后人以遐思和追忆。

琼海的蔡家宅建于1934年，坐落在琼海市博鳌镇留客村，是印度尼西亚富商华侨蔡家森等四兄弟共同建造的。蔡家宅的主人曾经漂洋过海，创业发家后荣归故里，建造蔡家宅。蔡家宅由四座风格相似、中西合璧的建筑组成。其中以蔡家森的住宅建筑规模最大，被誉为"海南侨乡第一宅"，已被列为全国重点文物保护单位。

从远处看，蔡家宅犹如一座古城堡，进入院内是一个环形结构，有各色房间50多间。院内前后庭、上下楼之间都有走廊与楼梯相连，进入雨季，人们足不湿鞋就可以走遍宅院内的每个角落。屋宅的前檐雕刻着飞翘的龙头，门窗木雕是精致的传统技艺；立柱花栏又有西式的立体花盘和古罗马人像雕塑；屋顶既保留海南民居的飞檐翘脊，又融合了西方的方、圆、弧形线的图案浮雕。厅堂里铺就的西洋彩色花纹地板砖虽经岁月的磨蚀，但依旧光彩夺目，绝不逊色于今日的瓷砖。紧密衔接的环廊具有挡风遮光避雨的功能，因此大宅内一年四季清爽宜人，和煦如春。大门外侧的楼梯间暗藏着射击孔，可有效地防止盗匪侵袭。

蔡家宅的整座建筑将民族传统风格与南洋气派有机地结合在一起，创造出与本土建筑风格迥异的建筑群。在古色古香的民族特色中，蕴含着浓郁的南洋风格。将近90年过去了，蔡家宅院除了外表颜色有少许脱落，部分木结构受损以外，基本面貌如初，虽然经历过多次特大台风的侵袭却未损分毫。

海口老街上的欧式建筑

链接 巴洛克建筑

在意大利文艺复兴建筑基础上，欧洲人发展起来一种新的建筑和装饰风格——巴洛克建筑。其特点是追求自由，表现动态，喜好富丽的装饰和雕刻、强烈的色彩对比，采用穿插的曲面和椭圆形的空间。"巴洛克"的词意是变形的珍珠，古典主义者用它来称呼一种离经叛道的建筑风格。这种风格在反对僵化的古典形式、追求自由奔放的格调和表达世俗情趣等方面起了重要作用，对欧洲的城市广场建筑、园林艺术，以至文学艺术都产生了深远影响。意大利文艺复兴晚期著名建筑师和建筑理论家贾科英·维尼奥拉设计的罗马耶稣会教堂是向巴洛克风格过渡的代表作，也有人称之为"第一座巴洛克建筑"。

3. 华侨与经济作物

橡胶

橡胶是 15 世纪末由意大利航海家哥伦布在加勒比海伊斯帕尼奥拉岛（海地岛）印第安人居住地发现的。在 20 世纪初，归国华侨创办了儋州第一家华侨公司，建设了海南最早的橡胶园。同时期，又有归国华侨从马来西亚引进第一批橡胶苗，在儋州培育实验成功，且大面积栽植。在那大橡胶园，归国华侨引进上万株巴西三叶橡胶种苗，经过努力获得成功，引发了海南橡胶种植热。橡胶是重要的战略物资。归国华侨在海南岛创建橡胶园，为中国橡胶事业做出了重大贡献。

👆 割胶后橡胶树干上流出的白色汁液

👆 三叶橡胶的种子

👆 橡胶树林

👆 胡椒种植园

胡椒

中华人民共和国成立前夕，归国华侨从马来西亚带回胡椒苗，并在琼海地区种植。胡椒原产于东南亚地区，现广泛种植于热带地区。胡椒的栽培已有4000多年的历史，曾经作为奢侈品而存在，甚至被当作货币流通，成为财富的象征。可以说，胡椒曾经是影响世界格局的调味料。胡椒已圆满完成从奢侈品到日常用品的转变，成为厨房里最常见的调味品之一。如今，胡椒产业已经成为兴隆的经济支柱。

可可

1953年，由归国华侨引进的可可树的种子在兴隆华侨农场种植成功。可可豆是生产巧克力的主要原料，被称作"巧克力之母"。早在1300多年前，玛雅人（古代印第安人的一族）用焙炒过的可可豆做了一种饮料，叫作chocolate。16世纪初，可可树被引进到西班牙，且种植成功，由此诞生了由可可豆制作的巧克力。可可中愉悦人的苦味来自可可碱和咖啡因，并有单宁质的涩味、可可脂的肥腴滑爽之味。融合苦、涩、酸、滑、甜多种口感的巧克力风靡天下，一发不可收。巧克力分为黑巧克力（纯巧克力）、牛奶巧克力、白巧克力等多种类型。巧克力能够补充能量，有利于预防心血管疾病、糖尿病、低血糖，有助于增强脑功能和思维活力。

👆 可可树树干上的可可果实

第58页

咖啡

在东南亚地区流传着一句话："潮州粉条福建面，海南咖啡人人传。"东南亚国家的大部分咖啡店都是由海南华侨经营的。20世纪初，马来西亚归国华侨将咖啡种苗带回海南岛，在澄迈福山种植成功。1953年，兴隆华侨农场开始种植咖啡，获得成功。

归国华侨们把喝咖啡的习俗、制作咖啡的技术及冲泡咖啡的手艺带回兴隆。经过长时间研究和实践，人们发现大粒咖啡虽然产量高，但是品质与口感都不尽如人意，远不如小粒咖啡。但小粒咖啡原有生长环境为高原气候，兴隆海拔低，种植小粒咖啡的产量低。兴隆人最终发现中粒咖啡最适合在兴隆栽培，这里的地势和气候为中粒咖啡大面积种植提供了良好条件。兴隆咖啡是焙炒咖啡，兴隆人精选咖啡豆，在传承东南亚焙炒工艺的基础上，经过几十年的提高，形成了一套最适合中粒咖啡豆焙炒的新技术，精制出来的咖啡粉呈深褐色，浓郁芳香，口感微苦，饮后余香持久。

中粒咖啡树

链接　华侨与归国华侨

华侨亦被称作"海外华侨",是长期居住于国外,但尚未加入外籍的中国公民,包括已经取得居住国永久居民身份者。华侨受到中国法律保护。华侨不包括因公在外工作者、留学生,以及对外援建工作人员。

归国华侨是指回国定居的华侨。"回国定居"是指华侨放弃原居住国长期、永久或合法居留权,并依法办理好回国落户手续的华侨。外籍华人经批准恢复或取得中国国籍,并依法办理好中国落户手续的也视为归国华侨。

研学小课题

1. 骑楼建筑的特点是什么,海南为什么要建骑楼?

2. 你认识几种华侨农场种植的经济作物?

3. 兴隆华侨语言有什么独特性?

兴隆热带花园的植被景观

研学小实践

1. 采集橡胶树的枝叶、花与果实制作植物标本。

2. 测定香蕉叶的叶绿素含量。

3. 收集和采写海南归国华侨的故事。

研学小思考

1. 东南亚风情艺术对兴隆文化的贡献。

2. 华侨事业对海南社会、经济、文化发展的贡献。

3. 华侨农场在海南社会大转型浪潮中的发展前景。

第三册　热带植物与侨乡风情

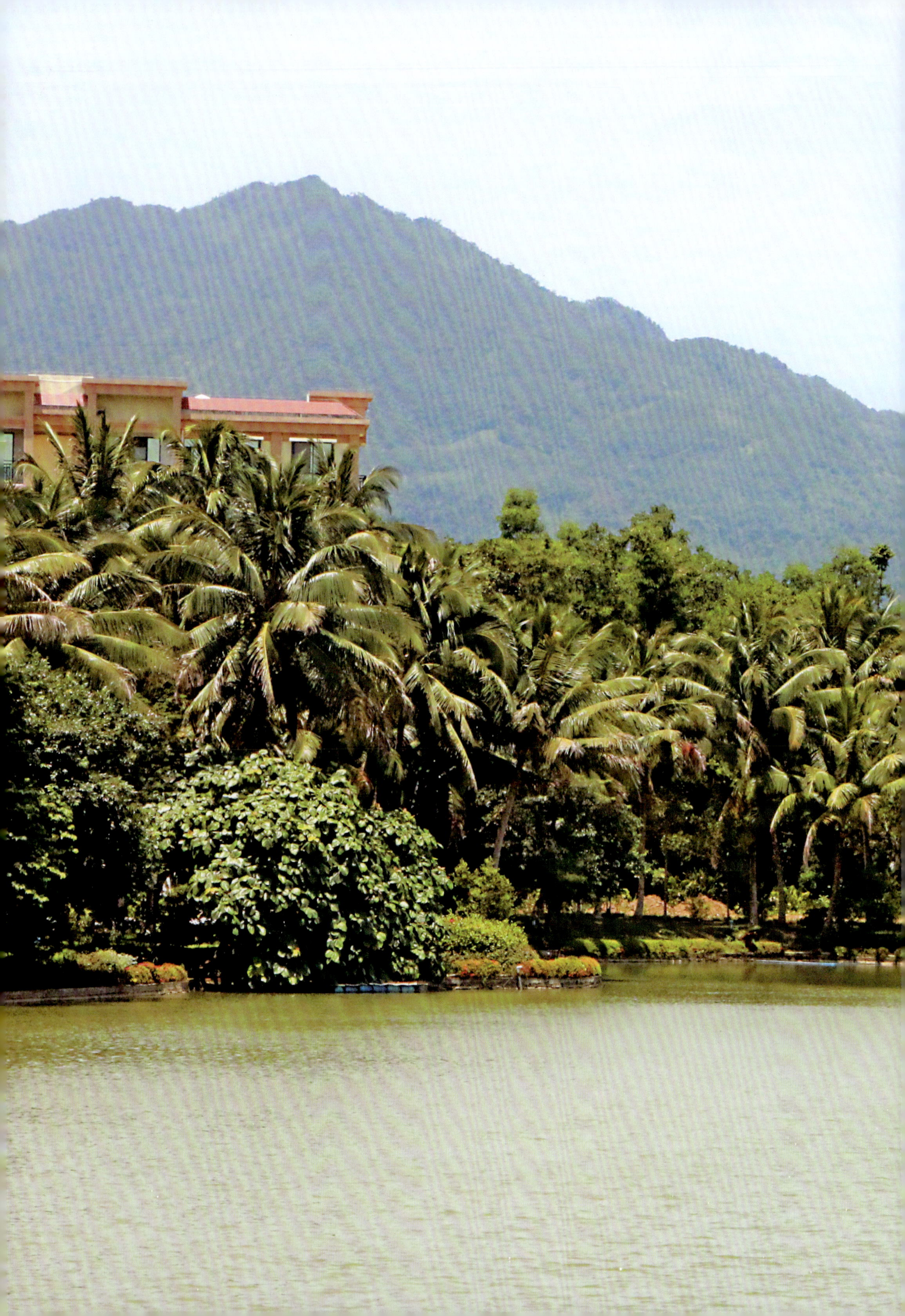

华侨农场的热带植被景观

槟榔树